Inhalt

Einzelhandel mit Bekleidung - interaktiver Handel macht Fachhändlern das Leben schwer

Kernthesen

Beitrag

Fallbeispiele

Zahlen und Fakten

Weiterführende Literatur

Impressum

Einzelhandel mit Bekleidung - interaktiver Handel macht Fachhändlern das Leben schwer

Markus Hofstetter

Kernthesen

- Die Konkurrenz durch die interaktive Konkurrenz und eine sinkende Kundenfrequenz bescherten dem deutschen Modefachhandel 2012 ein Umsatzminus.
- Über die Hälfte des Umsatzes im interaktiven Modehandel wird über das Internet gemacht.
- Angesichts der Konkurrenz durch den interaktiven Modehandel investieren

stationäre Modehändler in die Weiterbildung ihrer Mitarbeiter.
- Für Multi-Channel-Händler könnte ein Same-Day-Lieferservice einen Vorteil gegenüber Online-Pure Playern bringen.

Beitrag

Der Modefachhandel kämpft mit interaktiver Konkurrenz und sinkender Kundenfrequenz

Für 2012 zieht der Bundesverband des Deutschen Textileinzelhandels (BTE) ein negatives Resümee. Nach Hochrechnungen des Verbandes ist der Umsatz des deutschen Modefachhandels gegenüber 2011 um rund zwei Prozent gesunken. Im Vergleich zum Vorjahr hat es 2012 nur in vier von zwölf Monaten ein Umsatzplus gegeben. Laut einer BTE-Umfrage haben fast 60 Prozent der Händler das Jahr mit einem Umsatzminus abgeschlossen, elf Prozent erreichten ein Pari und lediglich 30 Prozent erzielten ein Umsatzplus.

Hauptursachen für den Umsatzrückgang waren laut BTE das unpassende Wetter im zweiten Halbjahr und eine Umsatzverteilung hin zu alternativen Vertriebsformen wie dem Onlinehandel und neuen Marktteilnehmern. Als Dauerproblem erwies sich auch die sinkende Kundenfrequenz. 80 Prozent der Händler gaben in einer Umfrage der Zeitschrift TextilWirtschaft an, dass sich 2012 die Kundenfrequenz in ihrem Haus im Vergleich zu 2011 verschlechtert hat. Ein Lichtblick ist jedoch, dass die Kunden im Durchschnitt mehr ausgaben. So haben 70 Prozent der Händler 2012 höhere Durchschnittsbons als im Vorjahr verzeichnet.

Die Datenlage über die Umsatzentwicklung der Branche ist jedoch nicht einheitlich. Dem vom BTE errechneten Umsatzminus steht ein vorläufiges Umsatzplus von 0,4 Prozent der amtlichen Umsatzstatistik für den Einzelhandel mit vorwiegend Bekleidung gegenüber. Der Grund für die positive amtliche Umsatzmeldung dürfte in der Panel-Zusammensetzung liegen. Die Statistik beruht auf einer repräsentativen und gewichteten Fünf-Prozent-Stichprobe. Da diese viele expansive Filialisten enthält und deren Daten nicht flächenbereinigt werden, weist sie tendenziell bessere Werte als reine Fachhandelserhebungen aus. Immerhin sind laut den letzten Umsatzsteuerstatistiken die Großunternehmen regelmäßig stärker gewachsen als kleine und mittlere Modefachgeschäfte.

Ähnlich dramatisch stellt sich die Ertragssituation dar. Laut BTE hat sich diese zwar bei 31 Prozent der Händler im vergangenen Jahr verbessert, mit 45 Prozent musste aber ein Großteil der Händler eine Verschlechterung hinnehmen. Der Hauptgrund für den Ertragsrückgang lag in der Entwicklung der Kosten. Bei 27 Prozent der Befragten haben diese sich zwar verringert, fast die Hälfte musste jedoch eine Verschlechterung verkraften. (1), (2), (3), (4), (5), [Abb. 1]

2013 startet mit tiefrotem Vorzeichen

Auch 2013 hat für den Modefachhandel nicht gut begonnen. Laut dem TW-Testclub belief sich das Umsatzminus im ersten Quartal auf sechs Prozent. Im entsprechenden Vorjahreszeitraum verzeichneten die Händler noch ein Plus von einem Prozent. Mehr als 80 Prozent der Händler meldeten einen Umsatzrückgang. Vor allem der März 2013, der Monat mit dem höchsten Umsatzanteil im ersten Quartal, bescherte rote Zahlen. Dieser schloss mit einem Minus von zehn Prozent ab. Für den schwierigen Geschäftsverlauf in den ersten drei Monaten macht der BTE die winterliche Wetterlage verantwortlich. Dennoch hofft der Verband laut einem Statement vom April auf ein Pari bis zum

Jahresende. Im Februar zeigte sich der BTE noch weit optimistischer, da erwartete der Verband ein kleines einstelliges Umsatzplus. (2), (7)

Der Boom im interaktiven Modehandel geht weiter

Der Boom im interaktiven Modehandel, bestehend aus den Vertriebskanälen E-Commerce, Katalog und Teleshopping, hält an. Laut dem Bundesverband des deutschen Versandhandels bvh steigerte die Warengruppe Bekleidung ihren Umsatz von 2011 auf 2012 um 11,4 Prozent auf 10,78 Milliarden Euro. Sie liegt damit im Branchenvergleich klar vorn. Zweitstärkste Kategorie ist die Elektronik, deren Umsatz sich um 25 Prozent auf 4,08 Milliarden Euro erhöhte. Insgesamt steigerte der interaktive Handel seinen Umsatz 2012 um 15,6 Prozent auf 39,3 Milliarden Euro. Damit erhöht sich der Anteil des interaktiven Handels am gesamten Einzelhandelsumsatz um einen Prozentpunkt auf 9,2 Prozent.

Weiter steigend ist die Bedeutung des Vertriebskanals Internet. Dieser macht 55,3 Prozent beziehungsweise 5,96 Milliarden Euro des interaktiven Bekleidungshandels aus. Den höchsten Online-Anteil innerhalb der Mode hat mit 67,6 Prozent die

Warengruppe Schuhe. Den geringsten Online-Anteil haben Textilien mit 44,4 Prozent. Das größte Risiko im Online-Modehandel sind nach wie vor die hohen Retourenquoten von 50 bis 70 Prozent. E-Commerce-Riesen wie Amazon oder Zalando können das aufgrund ihrer professionellen und somit relativ kostengünstigen Retouremanagement-Systeme verkraften. Für mittelständische Händler stellen die Rückläufer dagegen ein großes Problem dar. (8), (9), [Abb. 2]

Der stationäre Einzelhandel muss den Kunden ins Internet folgen, um die Umsatzrückgänge im Laden auszugleichen. Doch er steht bei der Ausweitung seines Geschäfts auf das Internet laut einer Studie des Beratungsunternehmens OC&C immer noch vor großen Herausforderungen. Es gelingt nur wenigen deutschen Einzelhändlern, die Marktanteile aus dem Offline-Geschäft auch im Internet zu gewinnen. Grund ist unter anderem die Konkurrenz durch die reinen Online-Händler, deren Umsätze deutlich höher ausfallen. So liegt nach OC&C-Angaben der geschätzte Bekleidungsumsatz von Zalando in Deutschland bei rund 600 Millionen Euro. Der von H&M beträgt 265 Millionen Euro, der von C&A 260 Millionen Euro, der von Karstadt weniger als 50 Millionen Euro. Diese Zahlen spiegeln sich auch in den Marktanteilen wider. Ein weiteres Problem ist die Illoyalität der Kunden. Laut der Befragung kaufen nur 0,1 Prozent der Konsumenten sowohl online als auch offline beim selben Händler. (10)

S.Oliver hat den besten Online-Shop im Modebereich

Das Deutsche Institut für Service-Qualität hat eine Studie zu Online-Shops durchgeführt. Geprüft wurden die Services am Telefon, per E-Mail und im Internet, die Versandqualität und die Zustell- und Zahlungsbedingungen. Insgesamt 14 Online-Shops für modische Bekleidung wurden untersucht, der Vergleich der Service-Qualität wurde über mehr als 470 Kontakte und eingehende Untersuchungen der Seiten, Tests per Telefon und E-Mail sowie je drei Testbestellungen angestellt.

Laut der Studie bietet S.Oliver den besten Fashion-Online-Shop. Es folgen Zalando und Esprit. Bei S.Oliver lag die Stärke vor allem im Telefontest mit der kürzesten Wartezeit bis zur Gesprächsannahme. Kunden müssen sich zudem nicht vorher registrieren und keine Versandkosten zahlen. Zalando punktete mit der besten Versandqualität. So erhebt der Shop keine Zusatzgebühren für die Lieferung und gewährt eine Rückgabefrist von 100 Tagen. Außerdem wurden die kostenlose Telefon-Hotline und verständlich formulierte E-Mails positiv hervorhoben. Esprit erhielt gute Noten für umfassende Informationen zum Modeeinkauf, die Möglichkeit, Lieblingsartikel auf einem virtuellen Merkzettel zu speichern, und die Zusendemöglichkeit per Expressversand. Schwachstelle ist die lange Beantwortungszeit bei E-Mails. (11)

Modefachhändler investieren in ihre Mitarbeiter

Laut einer BTE-Umfragen planen fast 70 Prozent der Befragten 2013 mehr oder weniger umfangreiche Investitionen. Angesichts des Umsatzrückgangs steht die Weiterbildung der Beschäftigten an erster Stelle. 52 Prozent gaben an, in die Qualifizierung von Mitarbeitern investieren zu wollen. 2012 waren es nur 20 Prozent. Das waren deutlich mehr als bei anderen Investitionsthemen, die der BTE abgefragt hat. Erkennbar weniger wichtig sind den Händlern etwa Investitionen in neue Medien wie Facebook, Ladenbau oder Visual Merchandising, Haustechnik, Organisation oder in den eigenen Online-Shop.

Durch Qualifizierungsmaßnahmen für ihre Mitarbeiter wollen die Modefachhändler vor allem Leistungssteigerungen im Verkauf erzielen. Mit der Qualität der Mitarbeiter wollen die Händler angesichts der immer stärker werdenden Konkurrenz aus dem Internet beim Kunden punkten. (12)

Same-Day Delivery bietet Online Pure Playern und stationären Händlern Vorteile

Der Ebay-Studie Zukunft des Handels zufolge würden 60 Prozent der Verbraucher mehr online und mobil bestellen, wenn die Ware noch am selben Tag geliefert würde. Same-Day Delivery bietet vor allem stationären Händlern mit Online-Shop Vorteile im Kampf gegen Online-Pure Playern. Denn diese sind häufig logistisch gar nicht in der Lage, die Ware innerhalb weniger Stunden zum Kunden zu bringen.

Same-Day Delivery ist die Geschäftsgrundlage des Münchner Unternehmens Tiramizoo, das einen Sofortlieferservice in zwölf deutschen Ballungsgebieten anbietet. Die Versandkosten für die Endkunden bei Tiramizoos Modekunden reichen von 9,90 Euro bis rund 15 Euro. Anwender aus dem Modebereich sind die auf hochwertige Artikel spezialisierten Händler Lodenfrey, Luxodo und MyTheresa. Die Nutzungszahlen sind zwar noch bescheiden. Aber angesichts der geringen Investitionskosten überwiegt der Nutzen. (13)

Trends

Schub für Mobile Payment

Die Otto Group ist in das Geschäft mit mobilen Zahlungslösungen eingestiegen. Der zweitgrößte Versandkonzern der Welt wird im Sommer 2013 sein selbst entwickeltes Payment-System Yapital im deutschen Handel starten, zunächst nur beim Schuh-Filialisten Görtz und beim konzerneigenen Multichannel-Anbieter SportScheck. Weitere Otto-Töchter und Fremdunternehmen sollen bald folgen. Yapital könnte Mobile Payment voranbringen. Gründe sind die große Reichweite der Otto Group und die Verknüpfung mit der Multichannel-Marketing-Lösung Nubon, an deren Betreiberfirma die Otto Group die Mehrheit hat. Nubon bündelt Services Couponing, Kundenbindungsprogramm und digitalen Kassenbon in einer App. Yapital wird Nubon in sein System integrieren und umgekehrt, wodurch sich die Attraktivität der beiden Angebote bei Händlern und Kunden erhöht. Die Kunden können nicht nur ihre Kundenkarten, Kaufbelege und Coupons in einer Anwendung verwalten. Sie haben auch die Möglichkeit, durch das Einscannen eines QR-Codes ihre Einkäufe mobil zu bezahlen. Es ist dabei kein NFC-Chip notwendig, der bislang nur in wenigen Smartphones eingebaut ist. Da Nubon schon zahlreiche Händler ins Boot geholt hat, darunter Belmondo, Deichmann, Görtz und Wöhrl, stehen die Chancen gut, dass sich Yapital schnell im deutschen Modehandel verbreiten wird. Zumal die meisten Fashion-Retailer erkannt haben, dass sie sich den digitalen Techniken allein aus demografischen Gründen nicht verschließen können. Der aktuellen Studie IT-Trends im Handel des EHI Retail Institutes zufolge gehen 82 Prozent der befragten Unternehmen davon aus, dass der Anteil unbarer Zahlungen in den nächsten Jahren weiter zunehmen wird. (14)

Fallbeispiele

Zalando etabliert vertikale Eigenmarke

Mit der neuen vertikalen Eigenmarke Kiomi will Zalando eine Internetkollektion auf dem modischen Level von H&M, Cos und Zara anbieten. Die 1 000 Teile umfassende Kollektion für Damen und Herren wird vorerst nur im deutschsprachigen Raum sowohl auf der Website von Zalando als auch auf der eigenständigen Plattform Kiomi.com angeboten. Dabei sind die Konditionen mit kostenlosem Versand und 100 Tage Rückgaberecht die gleichen wie bei Zalando.de. Das Sortiment umfasst zum größten Teil Schuhe und Accessoires, aber auch Damen Oberbekleidung und Herren- und Kanabenanzüge für Kunden zwischen 25 bis 35 Jahren. Preislich liegt Kiomi bei 20 Euro für ein Basic-Shirt.

Kiomi ist die erste Zalando-Eigenmarke, die in einem separaten Internet-Shop angeboten wird. Das Team umfasst 35 Mitarbeiter. Die Schuhe und Accessoires werden in Italien produziert, die Bekleidung in Asien. (15)

Zahlen & Fakten

Abbildung 1: Der deutsche Modefachhandel 2012 wieder im Minus

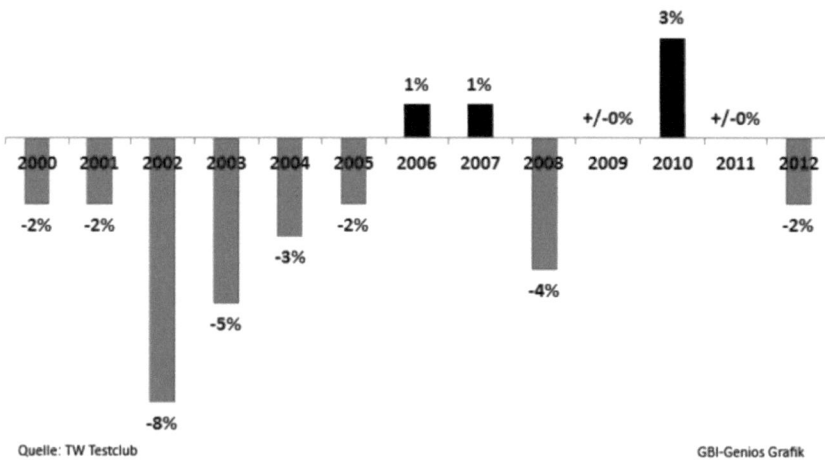

Entnommen aus: TextilWirtschaft, 1/2012, S. 30 bis 33, (6), und TextilWirtschaft, 9/2013, S. 16, (1)

Abbildung 2: Weiter im Aufwind

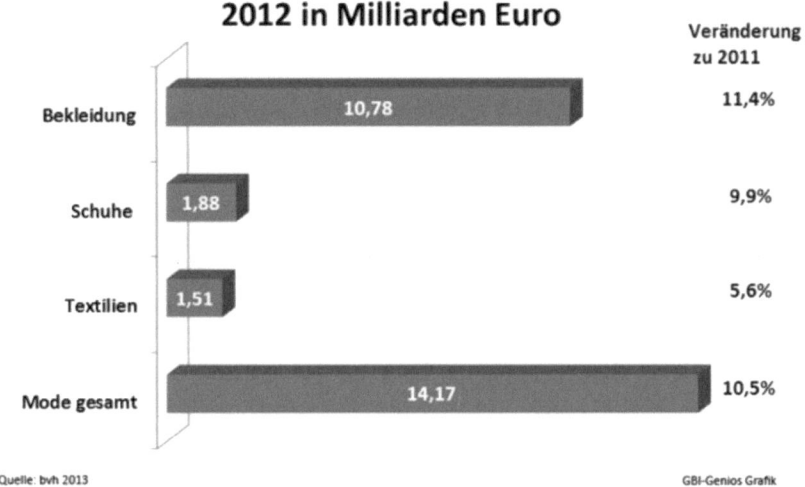

Entnommen aus: TextilWirtschaft, 07/2013, Seite 5, (9)

Weiterführende Literatur

(1) 2012: Umsatzrückgang in den meisten Geschäften
aus TextilWirtschaft 09 vom 28.02.2013 Seite 016

(2) BTE rechnet für 2013 mit kleinem Umsatzplus
aus TextilWirtschaft 08 vom 21.02.2013 Seite 009

(3) Ein Jahr zum Haare raufen
aus TextilWirtschaft 02 vom 10.01.2013 Seite 046 bis 048

(4) Modehandel schließt 2012 mit Umsatzminus ab
aus TextilWirtschaft 02 vom 10.01.2013 Seite 024

(5) Textilfachhandel: Sorge um Kundenfrequenz und Internet-Wettbewerb
aus TextilWirtschaft 10 vom 07.03.2013 Seite 024

(6) Mit blauem Auge davongekommen
aus TextilWirtschaft 01 vom 05.01.2012 Seite 030 bis 033

(7) Modehandel mit dickem Minus im ersten Quartal
aus TextilWirtschaft 14 vom 04.04.2013 Seite 004

(8) E-Fashion wird erwachsen
aus TextilWirtschaft 08 vom 21.02.2013 Seite 022 bis 027

(9) Mode dominiert den interaktiven Handel
aus TextilWirtschaft 07 vom 14.02.2013 Seite 005

(10) Stationärer Handel hat es online schwer
aus www.textilwirtschaft.de vom 13.03.2013

(11) Studie: S.Oliver hat besten Online-Shop
aus www.textilwirtschaft.de vom 07.03.2013

(12) Mensch gegen Maschine
aus TextilWirtschaft 09 vom 28.02.2013 Seite 038

(13) Wenn der Paketbote früher klingelt
aus TextilWirtschaft 16 vom 18.04.2013 Seite 038 bis 045

(14) Grundsätzlich mobil und über alle Kanäle
aus TextilWirtschaft 09 vom 28.02.2013 Seite 028 bis 029

(15) Zalando will H & M und Zara attackieren
aus TextilWirtschaft 11 vom 14.03.2013 Seite 007

Impressum

Einzelhandel mit Bekleidung - interaktiver Handel macht Fachhändlern das Leben schwer

Bibliografische Information der deutschen Nationalbibliothek

Die Deutsche Nationalbibliothek verzeichnet diese Publikation in der deutschen Nationalbibliografie; detaillierte bibliografische Daten sind im Internet über http://dnb.d-nb.de abrufbar.

ISBN: 978-3-7379-2926-4

© 2015 GBI-Genios Deutsche Wirtschaftsdatenbank GmbH, Freischützstraße 96, 81927 München, www.genios.de

Alle Rechte vorbehalten. Dieses Werk ist einschließlich aller seiner Teile – z.B. Texte, Tabellen und Grafiken - urheberrechtlich geschützt. Jede Verwertung außerhalb der Grenzen des Urheberrechtsgesetzes bedarf der vorherigen Zustimmung des Verlags. Dies gilt insbesondere auch für auszugsweise Nachdrucke, fotomechanische

Vervielfältigungen (Fotokopie/Mikroskopie), Übersetzungen, Auswertungen durch Datenbanken oder ähnliche Einrichtungen und die Einspeicherung und Verarbeitung in elektronischen Systemen.